T0054103

PROYECTOS REALES

PARA EXPLORAR

LA REVOLUCIÓN INDUSTRIAL

rosen publishing's
rosen
central®

New York

ELLINA LITMANOVICH
TRADUCIDO POR ALBERTO JIMÉNEZ

Published in 2019 by The Rosen Publishing Group, Inc.
29 East 21st Street, New York, NY 10010

Library of Congress Cataloging-in-Publication Data

Names: Litmanovich, Ellina, author.
Title: Proyectos reales para explorar la Revolución Industrial / Ellina Litmanovich, translated by Alberto Jiménez.
Description: New York : Rosen Central, 2019. | Series: Aprendizaje basado en proyectos: Estudios sociales | Includes bibliographical references and index. | Audience: Grades 5–8.
Identifiers: ISBN 9781499440263 (library bound) | ISBN 9781499440270 (pbk.)
Subjects: LCSH: Industrial revolution—United States—Juvenile literature. | Industrialización--United States—History—Juvenile literature. | United States—History—Juvenile literature.
Classification: LCC HC105 .L56 2019 | DDC 330.973/05—dc23

Manufactured in the United States of America

CONTENIDO

INTRODUCCIÓN

En la época de la Revolución estadounidense, o guerra de Independencia, se tardaba como mínimo seis semanas en cruzar el Atlántico. A principios del siglo XX, el transatlántico más rápido –el Mauritania, ten161a capacidad para 2,300 pasajeros– lo atravesaba ¡en cuatro días y medio! Este fue solo uno de los muchos avances que la Revolución Industrial aportó al mundo.

También transformó la economía. Antes, la economía estadounidense se basaba en pequeñas granjas y productos caseros hechos a mano. Después, la producción en masa de bienes –su fabricación en grandes cantidades mediante un proceso estandarizado– le dio un nuevo impulso. Las mejoras en las vías de comunicación, como el aumento de canales, barcos de vapor y ferrocarriles, facilitaron el transporte de mercancías a largas distancias.

Aunque la Revolución Industrial siguió remodelando la vida estadounidense, en realidad comenzó en Gran Bretaña. Muchos historiadores datan su inicio en 1712, cuando el inglés

Thomas Newcomen inventó la primera máquina de vapor. Sin embargo, el uso de estas máquinas no se generalizó hasta después de 1769, cuando el inventor escocés James Watt mejoró el diseño de Newcomen y patentó el suyo propio.

En las primeras etapas de la Revolución Industrial hubo otros inventos influyentes, entre ellos los que transformaron la industria textil (de confección de telas), como la lanzadera volante de John Kay, que aumentaba la productividad de los tejedores, y la hiladora Jenny de James Hargreaves, que giraba más de un carrete de hilo a la vez. El marco giratorio de Richard

La hiladora Jenny, inventada por James Hargreaves, revolucionó el proceso de hilado del algodón. Este grabado, que muestra una hiladora Jenny, está fechado en el año 1811.

Arkwright introdujo una variación importante, ya que usaba la fuerza del agua para girar el hilo. En 1779, Samuel Crompton combinó la hiladora Jenny y el marco giratorio para crear la hiladora *mula*, capaz de producir hilo a mayor velocidad todavía.

Estos inventores eran británicos, pero el estadounidense Eli Whitney ideó en 1793 una máquina no menos importante. Su desmotadora hizo mucho más fácil separar las fibras de algodón de las vainas y semillas, proceso que antes había que realizar a mano, lo que incrementó la rentabilidad de cultivos y tejidos.

Otros inventores estadounidenses notables fueron Elias Howe, que ideó una máquina de coser mejorada; Thomas Edison, cuya bombilla permitió ver de noche; Samuel Morse, inventor del telégrafo, para enviar mensajes por cable; y Alexander Graham Bell, inventor del teléfono, aparato cuya influencia perdura en nuestros días.

Aunque la Revolución Industrial modernizó el mundo, también produjo retrocesos. Algunos inventos tuvieron repercusiones negativas, sobre grupos ya marginados. La desmotadora de algodón prolongó la duración de una economía basada en esclavos que oprimía a los afroamericanos, y la expansión del ferrocarril hacia el oeste fue una de las causas de la destrucción del sistema de vida de los nativos americanos.

Los cambios económicos que sucedieron entre la Guerra Civil y la Primera Guerra Mundial se consideran una Segunda Revolución Industrial. Este fue un período de fuerte industrialización, marcado por el crecimiento de fábricas, ciudades y corporaciones. Como la primera, el impresionante crecimiento económico tuvo su contrapartida desfavorable.

Con el aumento de las fábricas, las ciudades se volvieron sucias, se contaminaron y sobre todo se superpoblaron. Los obreros vivían y trabajaban en ellas en condiciones pésimas y muchas veces apilados en viviendas terribles. No obstante, la reacción a estos problemas impulsó la fundación de los sindicatos obreros modernos, así como la legislación que primero regularizó y después impidió el trabajo infantil, tan característico de la época pre y victoriana.

El aprendizaje basado en proyectos (ABP) nos ayuda a entender el cambio que la Revolución Industrial provocó en Estados Unidos. Su objetivo es involucrar a los estudiantes para que aprendan a través de la resolución de problemas y el pensamiento crítico. Al desafiarse intelectualmente, estudian, desarrollan y presentan sus respuestas a una pregunta central. El ABP motiva a los estudiantes a elaborar proyectos propios, así que no te sientas obligado a realizar los que mostramos aquí. Solos o en grupo, utilícenlos como simple inspiración o guía para llevar a cabo proyectos personales.

El ABP requiere que los estudiantes interactúen con sus maestros y compañeros. También les da la oportunidad de crear proyectos a través de presentaciones, vlogs, mapas, poesía, periodismo, etc. Además, fomenta la creación de paralelismos entre el tema que se estudia y la actualidad. Mientras analizas la Revolución Industrial, ¡podrás darte cuenta de cuántos de sus inventos perduran hoy!

CAPÍTULO UNO

LLEGA LA REVOLUCIÓN INDUSTRIAL

Pese a salir victoriosos en la Revolución estadounidense, las antiguas colonias dependían de Reino Unido para abastecerse de bienes, incluyendo comida, ropa y herramientas. Esto se convirtió en un problema al estallar un nuevo conflicto. A principios del siglo XIX, la armada británica empezó a confiscar mercancías y a capturar soldados de barcos estadounidenses, por lo que los marineros se vieron obligados a trabajar en barcos de la marina británica. Para contraatacar, el presidente Thomas Jefferson aprobó el Embargo de 1807, que limitaba el comercio entre Estados Unidos y otros países. No obstante, dicho embargo fue más perjudicial para la economía estadounidense que para la británica. Las tensiones entre ambos países condujeron a la guerra de 1812, que puso de relieve la necesidad de que la economía estadounidense fuera más autónoma.

El primer molino textil del país se construyó en Rhode Island en la década de 1790, pero la Revolución Industrial tardó un tiempo en echar raíces en la nueva nación. En las décadas posteriores a la guerra de 1812, la industria textil floreció en

Nueva Inglaterra, donde se construyeron molinos a lo largo de los ríos y donde los molineros utilizaron los métodos inventados por los británicos.

Antes de la Revolución Industrial, la mayoría de la gente vivía en pequeñas aldeas o granjas, dedicada a la agricultura y la producción de alimentos para consumo propio. Las familias vivían y trabajaban juntas, y la mayoría de los jóvenes salían del hogar solo para casarse. Los recién casados construían un hogar para ellos mismos, pero seguían manteniendo una estrecha relación con sus padres. Todo se hacía en casa, incluyendo productos de uso cotidiano como el jabón y la ropa. Se elaboraban con herramientas manuales y su producción llevaba incluso semanas.

Considera el proceso sucio y maloliente de hacer jabón. Había que recoger grandes cantidades de ceniza de la leña que se quemaba para caldear el hogar y cocinar, y hervirla a fin de transformarla en sosa cáustica; también se guardaba la grasa sobrante de la carne, y se la cocía durante horas para obtener aceite. Por último, ambos componentes se hervían juntos, de nuevo durante horas. Debían mezclarse en las proporciones exactas, pues si no el jabón dejaba la piel en carne viva. Después de la Revolución Industrial, el precio del jabón cayó en picada, porque, con el uso de máquinas y el descubrimiento de nuevas formas de elaborarlo, se fabricó en serie.

Antes de la Revolución Industrial, las familias vivían en comunidades pequeñas, normalmente en granjas o pueblos. En esta litografía del siglo XIX vemos tierras de cultivo de Pensilvania en la década de 1750.

PROYECTO
TODO SOBRE
EL JABÓN

Si elaboras tu propio jabón, te darás idea de lo trabajoso y lo largo que es el proceso.

Para estudiar el proceso de hacer jabón, empieza por hacer el tuyo. A continuación, investiga por qué el jabón actual es tan fácil de obtener. Piensa en lo que aprendiste y preséntalo en clase.

- Fabrica tu propio jabón con aceite de oliva y aceite de coco, soda cáustica y agua. Para que huela bien, añádele hierbas, flores o aceites esenciales.

- Busca recetas de jabón casero en sitios web, como DIYNatural o Spruce, y sigue las instrucciones al pie de la letra.

- Manipular soda cáustica y aceite hirviendo es peligroso, así que trabaja SIEMPRE con un maestro, padre u otro adulto. Usa lentes protectores y guantes de hule.

Toma nota del tiempo que te toma hacer tu jabón. Piensa en cuánto más te llevaría si tuvieras que elaborar tu propia soda cáustica y derretir restos de grasa para convertirlos en aceite.

- ¡Gracias al jabón podemos limpiar! Investiga en Internet y en libros de la biblioteca cómo eran las condiciones higiénicas antes y después de la Revolución Industrial. Si necesitas consejos, habla con el bibliotecario o un profesor. Las preguntas a considerar incluyen:

  - ¿Hubo nuevos descubrimientos sobre la higiene que pusieron de manifiesto la importancia del jabón?

  - ¿Cuándo dejó la gente de elaborar su propio jabón? ¿Siguió haciéndolo por más tiempo en algunas zonas?

  - ¿Qué jabón sale más barato, el hecho a mano o el producido en serie?

- Presenta en clase lo que descubriste investigando y lo que aprendiste al fabricar jabón.

PREGUNTA: ¿POR QUÉ LAS MÁQUINAS AUMENTAN LA PRODUCTIVIDAD Y POR QUÉ CAMBIA ESO LA VIDA DE LAS PERSONAS? ¿DE QUÉ MANERA MEJORARON LA RENTABILIDAD DE SUS MOLINOS EMPRESARIOS COMO SAMUEL SLATER Y FRANCIS CABOT LOWELL?

Samuel Slater fue el primer empresario que construyó un molino textil impulsado por agua en suelo estadounidense. Lo abrió en Pawtucket, Rhode Island, en 1793, con el apoyo de un comerciante llamado Moses Brown. Slater era un emigrante británico que trajo consigo los conocimientos que adquirió trabajando en una fábrica de algodón. El molino textil de Slater producía hilo de algodón en máquinas impulsadas por la corriente del río Blackstone.

Casi dos décadas después, Francis Cabot Lowell amplió las ideas de Slater. Inspirado por el funcionamiento de las fábricas textiles británicas, puso en pie una serie de fábricas de algodón que utilizaron y mejoraron el flujo de trabajo. Lowell y sus socios fundaron la Boston Manufacturing Company en 1813. Al año siguiente abrieron su primer molino en Waltham, Massachusetts, a orillas del río Charles. Pronto abrieron otros en pueblos cercanos.

Lowell y sus socios idearon el primer telar eléctrico de Estados Unidos. Suyos fueron también los primeros molinos que reunieron las etapas de la fabricación de telas: el algodón se cardaba, se hilaba y se tejía bajo el mismo techo.

Otra de sus innovaciones fue el Sistema Lowell. Como uno de los desafíos a los que Lowell se enfrentaba era el de encontrar trabajadores, ideó un proceso de fabricación destinado a mujeres jóvenes. Lowell creía que la gente, incluyendo a las mujeres, quería trabajar duro para triunfar; además, a ellas podía pagarles menos que a los hombres. No obstante, sus empleadas obtuvieron buena formación e independencia económica.

LAS TRABAJADORAS DE LOS MOLINOS LOWELL

Las jóvenes que trabajaban en los molinos Lowell tenían entre quince y treinta y cinco años, y casi todas procedían de granjas de Nueva Inglaterra. Vivían en residencias comunitarias y debían seguir un estricto código de conducta. Aunque lograban independencia económica, trabajaban unas trece horas diarias en espacios ruidosos y agobiantes, enormemente insalubres. En 1834, tras una disminución de salarios, se pusieron en huelga.

Las trabajadoras de Lowell representaron todo un desafío contra los estereotipos de género al trabajar en una fábrica y ganar su propio dinero.

Perdieron, pero no se rindieron. Dos años más tarde lo intentaron de nuevo y volvieron a fracasar. A diferencia de la mayoría, prosiguieron su lucha. Establecieron sucursales en diferentes ciudades de Nueva Inglaterra y, a través de una publicación llamada Factory Tracts, expusieron las terribles condiciones que soportaban. Al final, consiguieron reducir el horario laboral a diez horas diarias. Su historia es un temprano ejemplo del movimiento por la igualdad de derechos.

PROYECTO
INDUSTRIAS TRANSFORMADAS

Las industrias textil y jabonera no fueron las únicas que se transformaron durante la Revolución Industrial.

- Investiga cuatro de las que cambiaron.
  - Las posibilidades incluyen agricultura, minería, imprenta; y la fabricación de hierro, acero, papel, sombreros, zapatos, vidrio, cemento, alfarería, muebles, cosméticos, medicamentos, velas y armas de fuego.
- Elige una para centrarte en los detalles. Las preguntas a considerar incluyen:
  - ¿Cómo funcionaba esa industria antes de la Revolución Industrial? ¿Y después de ella?
  - ¿Incrementó la demanda de lo que esa industria producía?
  - ¿Qué nuevos procedimientos para esa industria se desarrollaron durante

la Revolución Industrial? ¿Quién lo hizo? ¿Cuándo y por qué?

- ¿Cómo cambió la vida de las personas involucradas en la industria?
- ¿Existe esta industria hoy? ¿Cómo ha cambiado desde la Revolución Industrial?
- ¿Cómo podría cambiar en el futuro?

- Utiliza un software de presentación como Google Slides, PowerPoint, PowToon o Haiku Deck que te sirva para mostrar, la industria que elegiste, a la clase.

PREGUNTA: LAS PRIMERAS FÁBRICAS TEXTILES SE ESTABLECIERON EN NUEVA INGLATERRA. ¿POR QUÉ SE ARRAIGAN CIERTAS INDUSTRIAS EN UNA ZONA DETERMINADA Y NO EN OTRAS?

Las fábricas textiles de Nueva Inglaterra fueron la base de la Revolución Industrial estadounidense. Al utilizar la corriente de los ríos cercanos, los molinos aceleraron el proceso de hilado del algodón. Aunque Slater's Mill se considera la cuna de la Revolución Industrial, unos años antes se había construido otro molino textil en Beverly, Massachusetts: el Beverly Mill, fundado en 1787 por los propietarios de la Beverly Cotton Manufactory.

También se equipó con la última tecnología, pero era muy caro de operar, por lo que los precios de sus productos no podían competir con los del paño de algodón importado de Reino Unido. Además, pronto tuvo que hacer frente a la competencia de otros molinos de Nueva Inglaterra, como el de Slater, que al construirse a lo largo de los ríos contaban con una fuente de energía más eficiente: la hidráulica. El molino de Beverly, sin embargo, dependía de dos caballos que caminaban en círculo para mover su maquinaria.

El molino de Beverly fracasó. En cuanto los obreros dominaron el negocio, se marcharon a otros molinos. El de Beverly, incapaz de adaptarse a la nueva tecnología y abrumado por las deudas, cerró en 1807.

PROYECTO
EL MAPA DE LA ENERGÍA

La disponibilidad de recursos es una razón por la cual algunas empresas prosperan mientras que otras fracasan. Entre los recursos más importantes se encuentra una fuente de energía, como el carbón, el agua o el sol. O incluso el viento, si recordamos los molinos de viento de Holanda o de España; la energía eólica, ahora utilizada para producir electricidad, se utilizó para moler distintos cereales o prensar aceitunas durante centenares de años.

- Investiga los molinos textiles de Nueva Inglaterra al inicio de la Revolución Industrial, y haz una lista de al menos doce.

Cuando hagas tu aporte de ideas sobre los recursos que necesitará tu fábrica, tómate tu tiempo. ¿Dónde encontrarás obreros calificados? ¿Te convendría enviar por barco los bienes que fabriques?

Elabora un mapa de los molinos textiles de Nueva Inglaterra.

- Primero, prepara un mapa físico de Nueva Inglaterra. Utiliza un programa de mapas en línea, como MapFab o Scribble Maps, imprime uno o cópialo a mano.
- Luego, agrega los molinos textiles de tu lista.
- Añade los nombres de los ríos en los que se construyeron molinos, o donde tal vez

existían previamente. ¿Hay algún río que conserve muchos molinos todavía?

- El acceso a fuentes energéticas y otros recursos sigue siendo importante para las fábricas actuales. Imagínate que eres un empresario que quiere establecer una fábrica en el estado donde reside. Estas son algunas de las preguntas que debes hacerte:

    - ¿Dónde la ubicarías?

    - Decide qué tipo de fábrica quieres construir. ¿Qué recursos necesitarás?

    - Investiga qué recursos tienen las zonas de tu estado. ¿Cuál sería el mejor lugar para tu fábrica?

    - Dibuja un mapa de tu estado, marcando la localización de tu fábrica y de los recursos relevantes.

- Presenta en clase el mapa de las fábricas textiles de Nueva Inglaterra y el mapa con tu fábrica.

- Lidera un debate sobre la influencia que tiene la ubicación de una empresa en su éxito o fracaso.

CAPÍTULO DOS

EL REY ALGODÓN

La desmotadora de algodón de Eli Whitney cambió la situación del Norte y del Sur en las primeras etapas de la Revolución Industrial. La economía del Sur dependía cada vez más de la mano de obra de los afroamericanos esclavizados para cultivar algodón. Al mismo tiempo, el Norte abolió gradualmente la esclavitud y desarrolló una economía más industrial.

PREGUNTA: ¿POR QUÉ FUE TAN IMPORTANTE LA DESMOTADORA DE ALGODÓN DE ELI WHITNEY? ¿QUÉ FACTORES PROVOCAN QUE UN INVENTO SEA INFLUYENTE?

El invento de Whitney aceleró el proceso de limpiar las semillas del algodón cosechado, porque hacía el trabajo de muchos hombres en mucho menos tiempo; en consecuencia, los beneficios de los agricultores aumentaron. Aunque el algodón ya se cultivaba en el Sur antes de la invención de la desmotadora, en aquellos tiempos el principal cultivo era el tabaco. En las

Este grabado de 1865 muestra a un esclavo afroamericano operando manualmente una versión mejorada de la desmotadora inventada por Eli Whitney en 1793 para mecanizar la producción de la fibra del algodón.

décadas que siguieron al nuevo invento, el algodón asumió ese papel predominante.

La mayor parte del algodón se cultivaba en grandes granjas llamadas plantaciones. Aunque sus dueños podían hacerse ricos vendiendo algodón desmotado, el verdadero esfuerzo recaía en los esclavos. Cultivar algodón era un trabajo tedioso y muy laborioso, y requería gran número de trabajadores. A los esclavos no se les pagaba, así que todo el beneficio iba a los dueños de las plantaciones.

Los afroamericanos esclavizados existían desde principios del siglo XVII, pero, al final de la Revolución estadounidense, la esclavitud era una institución moribunda. La Constitución de Estados Unidos aprobada en 1787 incluía planes para eliminar la trata de esclavos, como prohibir la importación de nuevos esclavos a partir de 1808. Hacia 1804, todos los estados norteños habían abolido la esclavitud o estaban en proceso de hacerlo. En el Sur, sin embargo, volvía a prosperar. Al conseguir que el cultivo de algodón fuera mucho más rentable, la desmotadora provocó que el sur de Estados Unidos siguiera siendo una economía basada en la esclavitud.

LAS VIDAS DE LOS ESCLAVOS

La mayoría de los esclavos trabajaban en campos de algodón del amanecer al anochecer, con un descanso de dos horas para la comida del mediodía. No tenían control alguno sobre sus vidas. Las familias se dividían o destruían cuando los padres o los hijos eran vendidos a los dueños de plantaciones distintas, próximas o no. Estaban vigilados y eran golpeados regularmente o sometidos a otros crueles castigos si no obedecían en todo.

La vida resultaba un poco más fácil para los esclavos de las ciudades sureñas, porque trabajaban en otros oficios o como mano de obra calificada. Aunque su trabajo no era tan duro como el del campo, carecían de lo que realmente deseaban: su libertad.

PROYECTO
HORA DE INVENTAR

Imagina que eres un inventor. Piensa en una idea o una máquina que simplifique un trabajo. Después, analiza cómo influiría tu invento en la vida de las personas que lo usarían.

Deja volar tu imaginación cuando pienses en ideas para nuevos inventos. No hay ideas malas. Existen inventos que al principio no se tomaron en serio y que con el paso de los años demostraron su valía.

- ¿Qué clase de invento sería?
- ¿Por qué simplificaría las tareas cotidianas para la gente común y corriente?
- ¿Facilitaría de verdad la vida de las personas o sería un simple apoyo?
- ¿Cuál sería la desventaja de utilizarlo?
- ¿Cuánto costaría fabricarlo? ¿A quién beneficiaría con claridad desde el punto de vista económico?
- ¿Perdería la gente su trabajo si ese invento tuviera éxito?
- ¿Qué ganancia te llevarías tú?

PREGUNTA: ¿POR QUÉ LAS DIFERENCIAS ECONÓMICAS PRODUCEN CONFLICTOS ENTRE LAS REGIONES?

El ascenso de la industria en el Norte y de las plantaciones de algodón en el Sur produjo diferencias económicas entre las regiones. En 1860, alrededor del 40 % de la población del Norte trabajaba en granjas; en el Sur este porcentaje subía hasta el 84 %. Los agricultores norteños se concentraron en diferentes cultivos y utilizaron más los nuevos inventos, como segadoras, trilladoras y arados mejorados. Producían la mitad del maíz de la nación y, hacia 1860, la mayor parte de su trigo y avena. El Norte producía el 90% de los productos manufacturados.

Por otra parte, entre las regiones había vínculos económicos. La mayor parte del algodón que se hilaba y se tejía en los molinos del Norte se cultivaba en el Sur. El algodón sureño salía al mercado en barcos del Norte. Antes de prohibir la importación de esclavos, las empresas navieras del Norte también habían desempeñado un papel importante en la trata de esclavos. De hecho, las empresas y familias que hicieron fortuna con la trata de esclavos financiaron muchas fábricas del Norte.

A pesar de estos vínculos, las regiones tenían intereses económicos contrapuestos. Esto se ve en la diferencia de sus aranceles, los impuestos sobre las mercancías exportadas o importadas. El algodón sureño era la exportación más valiosa del país en 1815. En 1840 valía más que todas las demás exportaciones juntas. Los estados sureños querían aranceles bajos para mantener el precio del algodón competitivo respecto al de lugares como India y Egipto. El Norte se beneficiaba de los aranceles altos, porque abarataba sus bienes respecto a los importados.

Este conflicto de intereses alimentó el enfrentamiento político entre el Norte y el Sur. El siglo XIX fue un período de expansión hacia el oeste y, a medida que nuevos estados se integraban en la Unión, apareció un nuevo conflicto: si esos estados serían esclavistas o libres (estados donde la esclavitud estaba prohibida). El número de ambos era casi igual y cada bando temía perder beneficios si el otro lo superaba en número.

El desacuerdo no era solo económico. En el Norte, los abolicionistas clamaban contra la injusticia de la esclavitud y se oponían a ella por principio. Sus firmes convicciones hicieron temer al Sur que la esclavitud se aboliera y la base de su economía se derrumbara.

Fue este temor lo que impulsó a los sureños a separarse de la Unión en 1861, dando origen a la Guerra Civil.

Este mapa histórico muestra la división entre estados libres y esclavistas en 1856. Los libres están en rosa y los esclavistas en gris; los territorios que aún no eran estados aparecen en verde.

PROYECTO
GANAR LA GUERRA

¿Cómo influyeron las diferencias económicas entre el Norte y el Sur en la Guerra Civil? Toma en cuenta las ventajas de cada bando.

- Prepara una lista de los recursos que se necesitaban para luchar una guerra en la década de 1860, como armas de fuego y las correspondientes municiones, ropa para uniformes, comida para alimentar a los soldados y dinero para pagarles.
- Investiga cómo se satisficieron esas necesidades en ambos bandos. Algunos temas a explorar incluyen:
  - ¿Acaso la economía de cualquiera de las dos regiones creció durante la guerra?
  - El Norte bloqueó los puertos del Sur durante la guerra. ¿Cuáles eran sus objetivos? ¿Tuvieron éxito?
  - ¿Qué era la diplomacia del Rey Algodón? ¿Tuvo éxito?
  - ¿Qué fue la Marcha de Sherman al Mar y cómo influyó en la economía del Sur?
  - ¿Qué consecuencias tuvo la impresión norteña de papel moneda en su economía?
- ¿Qué factor económico fue crucial en la victoria del Norte? Escribe un ensayo de al menos tres páginas defendiendo tu argumento.

En Estados Unidos, el siglo XIX fue un período de expansión hacia el oeste. Empezó a principios de siglo, cuando la gente que vivía al este de los Apalaches comenzó a trasladarse a lo que ahora se denomina el Medio Oeste.

La Compra de Luisiana expandió el país hacia el oeste de forma oficial en 1803. En la década de 1840 Estados Unidos se anexó el territorio de Texas, y los tratados con México y Reino Unido le concedieron tierras que llegaban al Pacífico. Algunos colonos iban al Oeste atraídos por la fiebre del oro californiana, desencadenada por el descubrimiento de oro de James W. Marshall en Coloma, California, el 24 de enero de 1848. En marzo de ese mismo año, miles de futuros mineros llegaron a California para buscar fortuna.

Otros se sentían atraídos por la abundancia de tierra fértil. Los precios de la tierra eran bajos, y la legislación sobre bienes inmuebles (en particular la Ley de Bienes Raíces de 1862) permitía reclamar cierta cantidad de tierra gratis si se vivía en ella y se la cultivaba durante varios años. La creciente población del país también promovió la expansión hacia el oeste. Oleadas de inmigrantes comenzaron a llegar a Estados Unidos en busca de una nueva vida; en las décadas de 1840 y 1850, acudieron más de 1.5 millones de irlandeses y un número similar de alemanes. Algunos fueron hacia el oeste y otros se asentaron en ciudades de la costa este, como Boston, Nueva York y Filadelfia. Las ciudades estaban abarrotadas, así que se intensificó y se aceleró la búsqueda de tierras en el Oeste.

Tras la Guerra Civil, la expansión hacia el oeste creció aún más, debido en parte a los avances en el transporte y la comunicación, como el desarrollo del ferrocarril. Aunque en ese momento muchos hicieron fortuna, para los nativos americanos, que habían vivido allí por miles de años, fueron tiempos de miseria. Los colonos blancos les arrebataron sus tierras, los masacraron, los obligaron a firmar tratados injustos y socavaron sus modos de vida tradicionales.

PREGUNTA: ¿DE QUÉ MANERA FOMENTAN LAS NUEVAS FORMAS DE TRANSPORTE EL CRECIMIENTO ECONÓMICO?

Las primeras innovaciones de la Revolución Industrial en el transporte fueron el barco de vapor y el canal. John Fitch, nacido en Connecticut, construyó el primer barco de vapor de Estados Unidos en 1787. En 1790, una versión mejorada de su barco comenzó a navegar en el río Delaware, entre Pensilvania y Nueva Jersey. Aunque el barco de Fitch no fue un éxito financiero, el de Robert Fulton sería más afortunado. El 17 de agosto de 1807, su barco, el Clermont, comenzó a prestar servicio entre la ciudad de Nueva York y Albany, Nueva York. Además de que su diseño mejoraba los anteriores, su compañero Robert

Livingstone había obtenido una licencia para pilotar las únicas embarcaciones de esta ruta del río Hudson. La empresa fue un gran éxito y los barcos de vapor empezaron a verse enseguida en todas las vías fluviales estadounidenses.

El siguiente paso adelante en el transporte fue la adopción del canal. El gobernador de Nueva York, DeWitt Clinton, fue tan partidario del canal de Erie que los detractores de este primer canal estadounidense lo llamaban "Clinton's Ditch", (que podría traducirse como "Acequia de Clinton"). En 1817, el gobernador consiguió que el estado aprobara el gasto de 7 millones de dólares para su proyecto favorito: la construcción de un canal que uniría las aguas del lago Erie en el oeste con el río Hudson en el este. Desde Albany, las mercancías podrían enviarse por el Hudson hasta la ciudad de Nueva York, uno de los principales puertos del país. El canal haría que el transporte a través de los Apalaches fuera más rápido y barato.

Tardó más de dos años en construirse y se inauguró el 26 de octubre de 1825. Para conmemorar la ocasión, Clinton lo cruzó en barco desde Búfalo hasta Nueva York. A lo largo de todo el trayecto, se colocaron cañones que iban disparándose al paso del vapor. El sonido del cañonazo se oyó en Nueva York 81 minutos después de que se hiciera el primer disparo.

El impacto del canal fue tan grande que los colonos llegaban en tropel a las partes occidentales de Nueva York, Michigan, Ohio, Illinois y Wisconsin. Gracias a él, transportar mercancías costaba la mitad de tiempo y una décima parte de las tarifas previas.

El canal se convirtió en una enorme fuente de ingresos para el estado de Nueva York, y lo que se había gastado en

Esta pintura de 1847 del canal de Erie es obra de Walter M. Oddie. Este canal, que fue considerado un prodigio de la ingeniería, colaboró en la transformación de la economía del estado y de la ciudad de Nueva York.

construirlo se recuperó en diez años. También ayudó a impulsar el poder económico de la ciudad de Nueva York, permitiéndole convertirse en el centro de comercio y finanzas de Estados Unidos.

PROYECTO
EXPLORAR LOS CANALES

El canal de Erie ayudó a abrir la región de los Grandes Lagos a los asentamientos e inspiró la construcción de otros canales. Aprende más sobre los canales y cómo funcionan.

- Investiga un poco más el canal de Erie. Las preguntas que debes hacerte incluyen:
  - ¿Cuánto tiempo tardó en construirse?
  - ¿Quiénes lo construyeron?
  - ¿Cómo funcionaba? ¿Con qué combustible se alimentaban los barcos?
  - ¿Cómo se protegían de la lluvia y la nieve sus usuarios?
- Investiga al menos uno de los otros canales que se construyeron en Estados Unidos entre 1825 y 1860. Algunos ejemplos son el canal Morris, el Chesapeake y Ohio (C&O), el Delaware y Raritan, el de Miami y Erie, el Champlain y el Sistema de Canales de Pensilvania.
  - ¿Qué vías navegables, pueblos y ciudades conectaba el canal? ¿Cuándo se construyó? ¿Quién lo construyó? ¿Cuánto tiempo estuvo activo? ¿Quiénes trabajaban en él? ¿Qué se transportaba por él?
  - ¿Tenía características especiales, como planos inclinados o túneles?
- Construye un mapa en 3D de uno de los canales o un modelo de una de las características del canal (como una esclusa).
- Presenta tu mapa o modelo en clase. Incluye un discurso de tres minutos sobre la historia que hay detrás.

PREGUNTA: ¿QUÉ PAPEL JUGÓ EL FERROCARRIL EN LA EXPANSIÓN HACIA EL OESTE DE ESTADOS UNIDOS?

El 1 de julio de 1862, el Congreso aprobó la Ley del Ferrocarril del Pacífico, que garantizaba la financiación para construir un ferrocarril desde el río Misuri hasta el océano Pacífico. El Central Pacific Railroad y el Union Pacific Railroad empezaron a construirse en 1863. Los dos se encontrarían en Utah.

El 10 de mayo de 1869, las vías del ferrocarril Central Pacific se encontraron con las del Union Pacific en Promontory, Utah. En esta foto de las celebraciones, los ingenieros jefe de ambos ferrocarriles se saludan.

Si bien el Ferrocarril Transcontinental fue un hito en la historia del ferrocarril de Estados Unidos, no fue su principio. El primero del país, entre Baltimore y Ohio (B&O), comenzó a operar en la década de 1830. Justo antes del estallido de la Guerra Civil, había más de 30,000 millas (48,280 kilómetros) de vías férreas. El hecho de que el Norte tuviera más del doble de la distancia de trazado que el Sur demostró ser una verdadera ventaja en la guerra. El Ferrocarril Transcontinental tuvo un gran impacto en la forma de vivir y hacer negocios. Antes, costaba semanas o meses cruzar el país con caballos y carretas; ahora, llevaba días.

Aunque los ferrocarriles mejoraron el transporte de viajeros y mercancías, resultaron destructivos para el modo de vida de los nativos americanos, ya que facilitaba que los colonos se trasladaran al Oeste para reclamar la propiedad de la tierra. Las áreas donde los nativos llevaban siglos cazando se desmembraron. Los bisontes y otros animales salvajes, que hasta ese momento habían vagabundeado libremente, fueron cazados hasta su completa extinción. Los nativos hicieron todo lo posible por sabotear el ferrocarril, pero acabaron por perder la batalla.

PROYECTO
TRENES, TRENES, TRENES

Los ferrocarriles transformaron el país en el siglo XIX. Ahora, investiga su impacto a largo plazo.

- Busca mapas de las principales vías férreas de Estados Unidos entre 1865 y 1900. Un recurso útil en línea es la Biblioteca de Mapas

Ferroviarios del Congreso, en concreto la colección de 1828 a 1900.

- ¿Qué rutas ferroviarias eran las más importantes?
- ¿Cómo cambiaron las rutas con el tiempo?
- Busca un mapa de las principales líneas ferroviarias actuales de Estados Unidos.
  - ¿Cuáles se utilizan más?
  - ¿Por qué crees que algunas zonas siguen dependiendo más de los trenes que otras?

En la Biblioteca del Congreso hay mucha información sobre trenes históricos. Para los ferrocarriles actuales, consulta los sitios web de la Federal Railroad Administration y de la Association of American Railroads.

- Elige una línea ferroviaria histórica para hacer una presentación sobre ella. Estudia cómo afectó a distintos grupos sociales.

  - Investiga qué grupos participaron en su construcción. Por ejemplo, muchos obreros del Ferrocarril Transcontinental eran chinos. ¿Sufrían discriminación racial? ¿Cómo eran sus condiciones de trabajo? ¿Tienes alguna noticia sobre el número que enfermó o murió?

  - Investiga también los grupos desplazados por el ferrocarril. ¿Trataron de defenderse? ¿Tuvieron éxito?

- Prepara una presentación sobre la línea férrea que elegiste. Incluye mapas históricos y actuales (si esa línea ya no funciona, enseña un mapa de las líneas principales del estado o de la región), e información histórica, con fotos y dibujos si es posible.

PREGUNTA: ¿CÓMO CAMBIARON LOS AVANCES EN LAS COMUNICACIONES LA FORMA DE RELACIONARSE DE LA GENTE?

La primera línea telegráfica transcontinental empezó a funcionar el 24 de octubre de 1861, más de siete años antes que el Ferrocarril Transcontinental. Mientras que el ferrocarril facilitó y abarató el transporte de viajeros y mercancías de costa a costa, el telégrafo facilitó y abarató la comunicación de datos, es decir, revolucionó la forma de enviar mensajes. En lugar de esperar a que el mensaje llegara a su destino mediante un portador, el telégrafo transmitía señales eléctricas por cable.

Samuel Morse demostró el funcionamiento de su telégrafo enviando un mensaje desde Washington, D. C., a Baltimore, Maryland, el 24 de mayo de 1844. Morse trabajó con otros (y su equipo no fue el único que exploró la telegrafía). No obstante, el telégrafo se le atribuye a él, debido en parte a que ideó un código específico para utilizarlo, el código Morse, donde asignaba un conjunto de puntos y rayas a cada letra del alfabeto inglés.

Alexander Graham Bell, inventor nacido en Escocia, patentó su teléfono en 1876. Su invento sustituiría al telégrafo desde principios del siglo XX. Bell, que enseñaba en una escuela para sordos, estudiaba el sonido con la esperanza de crear algo que ayudara a los sordos a comunicarse. Su teléfono utilizaba la electricidad para transportar el sonido mediante cables,

Samuel Morse (1791-1872) es famoso por su invención del sistema telegráfico por cable y del código Morse.

posibilitando que la voz recorriera distancias impensables hasta entonces.

HÁGASE LA LUZ

Mientras que el telégrafo y el teléfono cambiaron la manera de comunicarse, el invento de Thomas Alva Edison cambió, literalmente, la forma de ver el mundo. Edison nació en Milan, Ohio, el 11 de febrero de 1847. Era el menor de siete hermanos y llegó a ser uno de los empresarios estadounidenses más importantes de todos los tiempos. Aunque otros científicos habían experimentado con la electricidad y las bombillas, fue Edison quién inventó la primera bombilla incandescente económicamente viable. También estuvo involucrado en otras novedades, como la cámara de cine y el fonógrafo (que permitió grabar y reproducir sonidos). De hecho, ¡patentó nada menos que 1,093 inventos!

PROYECTO
TELÉGRAFOS, TELÉFONOS Y MÓVILES

Mediante herramientas de diseño gratuitas en línea, elabora un vídeo que muestre la evolución de las comunicaciones desde el telégrafo de mediados del siglo XIX al teléfono celular tan frecuente en nuestros días.

- Empieza por aprender más sobre el telégrafo.
  - Investiga cómo funcionaba y haz un diagrama para explicárselo a tus compañeros.
  - Descubre el impacto que tuvo en las décadas posteriores a su creación. Por ejemplo, su importancia tanto en el establecimiento del Oeste como en la Guerra Civil.
  - Experimenta con el código Morse. Traduce un mensaje corto (el código es fácil de encontrar en libros o en línea) y mándaselo a un compañero. Para enviar el telegrama da golpecitos y haz raspones sobre una mesa (golpes para los puntos, raspones para las rayas). Tu destinatario escribirá el mensaje en rayas y puntos, y luego lo escribirá en español.
- A continuación, estudia el teléfono.
  - Averigua cómo funciona el teléfono tradicional (a diferencia del celular) y haz un diagrama explicativo.
  - Explora cómo cambió el mundo. Los factores a considerar incluyen su uso en la guerra, la publicidad y las encuestas preelectorales.
- Ahora céntrate en el celular.
  - Investiga cómo funciona y haz un diagrama explicativo.

- Analiza tus propias experiencias con teléfonos celulares y fijos, y habla con tu padre, tu madre u otro adulto de confianza para que te cuenten las suyas. Después, escribe una lista de los cinco cambios más importantes que ha provocado el uso del celular.
- Elabora un vídeo que resuma lo que aprendiste. No dejes de incluir tus diagramas de "cómo funciona" ni tus consideraciones sobre cómo la tecnología cambia nuestras vidas.
- Presenta tu vídeo en clase. Pregunta a tus compañeros qué nuevos avances en las comunicaciones nos deparará el futuro y cómo estos nos cambiarán la vida.

CAPÍTULO CUATRO

INDUSTRIALIZACIÓN

La invención del ferrocarril, el telégrafo y el teléfono jugó un papel importante en la transformación de Estados Unidos en el centro neurálgico de la economía entre la Guerra Civil y la Primera Guerra Mundial. Contar con redes de transporte y comunicaciones a nivel nacional allanó el camino para el surgimiento de grandes empresas. Durante ese período, el país desarrolló una economía industrial moderna. Materias primas de todo el país se enviaban a las ciudades, donde se convertían en productos que se expedían a otras partes de Estados Unidos o del mundo. Nuevas industrias, como la de empaquetado de carne, la petrolera (o petrolífera), la eléctrica, la siderúrgica y la financiera surgieron y alcanzaron relevancia.

Aunque el petróleo era conocido desde hacía siglos, Edwin Drake excavó el primer pozo moderno en Titusville, Pensilvania, en 1859. En las décadas siguientes, la industria petrolera también creció. Al principio, el petróleo se utilizaba sobre todo para fabricar queroseno, que servía de combustible para las lámparas. Después, la invención del automóvil a principios del siglo XX proporcionó todo un nuevo mercado para el petróleo, que se usaba —y se usa— para fabricar la gasolina con la que funcionan los vehículos.

EL MODELO T

Henry Ford no inventó el automóvil, pero fue el primero que fabricó uno a un precio asequible para el gran público, gracias a la llamada producción en serie. Su modelo T de 1908 revolucionó la fabricación de automóviles, porque Ford ideó una línea de montaje que aceleraba y abarataba la producción de forma sorprendente.

El modelo T se convirtió en un éxito comercial debido a su durabilidad, su versatilidad y su precio. Era fácil de conducir y mucho más barato de reparar debido a la cadena de montaje establecida por Ford. La técnica, que mejoró el precio y la funcionalidad del auto, permitió a su creador pagar a los empleados un salario digno y conseguir, por tanto, que le fueran leales.

El descubrimiento de nuevas técnicas para fabricar acero –en particular el proceso de Bessemer, llamado así por el inventor inglés Henry Bessemer– fue otro factor influyente en la industrialización del país. Las fábricas pronto empezaron a producir acero más barato y de mayor calidad. El acero se utilizaba en la creciente red ferroviaria y en la construcción de puentes y edificios de las ciudades, que también crecían sin parar.

Esta foto de Mulberry Street se tomó hacia 1900. La ajetreada calle pertenecía al barrio neoyorquino de Little Italy, donde vivían numerosos inmigrantes italianos, muchos de ellos en departamentos abarrotados.

PREGUNTA: ¿QUÉ FACTORES CONDUCEN A LA URBANIZACIÓN?

La industrialización contribuyó a la urbanización, el aumento de las ciudades. En 1870, solo dos tenían una población de más de 500,000 habitantes; en 1900 la población había aumentado a más de un millón en Chicago, Nueva York y Filadelfia. Por lo menos el cuarenta por ciento de la población vivía en las ciudades, y la proporción aumentaba año tras año.

Muchos de los nuevos residentes urbanos eran inmigrantes. Estados Unidos experimentó otra oleada de inmigración a finales del siglo XIX y principios del XX. Si bien la mayoría de los inmigrantes que llegaron antes de ese momento procedían de Europa occidental, la nueva oleada procedía sobre todo del sur y el este de Europa. La mayoría de esos inmigrantes se se veían obligados en un momento u otro a trasladarse a las ciudades, para buscar trabajo en las fábricas.

La gente también acudía en masa a las ciudades desde el campo, donde las presiones económicas llevaban a muchos agricultores a endeudarse. Una de las razones para ello fue el creciente uso de nuevas máquinas, como el tractor y la cosechadora, que aumentaron la productividad pero la encarecieron. Además, al aumentar la producción, los precios de los cultivos y el ganado bajaron, complicando aún más la vida de los granjeros que no podían adquirir las nuevas maquinarias.

PROYECTO
¿CAMPO O CIUDAD?

Obtén más información sobre las comunidades rurales y urbanas de tu región.
- Elige una comunidad urbana de tu región que solía ser rural. Investiga cómo ocurrió ese cambio.
    - ¿Cómo cambió esa comunidad? ¿Cuándo ocurrió?
    - ¿Qué tan drástico fue el cambio de rural a urbano?
    - ¿Cómo se vive allí en la actualidad?

- Con el permiso de tus padres, entrevista a un habitante de una comunidad rural y a otro de una comunidad urbana. Las preguntas que debes hacer incluyen:
  - ¿Cuáles son los desafíos de vivir en una comunidad rural (o urbana)?
  - ¿Cuáles son las ventajas de vivir allí?
  - ¿Cambió su comunidad durante el tiempo que lleva en ella?

Cuando busques gente de comunidades rurales y urbanas para entrevistarla, pregunta a tus padres si tienen parientes o amigos a quienes puedas llamar. Recuerda también a quienes se hayan trasladado a otros lugares.

- En clase, dirige un debate sobre los pros y contras de las áreas urbanas y rurales. Describe lo que aprendiste en tus entrevistas y pide a tus compañeros que compartan sus propias experiencias en ambas comunidades.

PREGUNTA: ¿POR QUÉ GRANDES SECTORES DE LA ECONOMÍA TERMINAN CONTROLADOS POR UN PEQUEÑO GRUPO DE PERSONAS?

A pesar de que la economía estadounidense creció muy deprisa en las décadas posteriores a la Guerra Civil, gran parte de la riqueza terminó en manos de un pequeño número de empresarios, como Andrew Carnegie, que dominaba la industria del acero; Cornelius Vanderbilt, que hizo su fortuna en el ferrocarril y el transporte marítimo; John D. Rockefeller, cuya corporación Standard Oil lo convirtió en el hombre más rico de Estados Unidos; y John Pierpont Morgan, un financiero que reorganizó varios ferrocarriles y algunas de las principales corporaciones del país. Las corporaciones son compañías grandes y complejas con muchos propietarios, pero que legalmente funcionan como individuos, con derecho a contratar personal, hacer contratos, pedir préstamos, etc. Durante este período, la corporación se convirtió en el tipo de empresa más poderosa de la economía estadounidense.

Aunque los directivos de las corporaciones eran muy trabajadores y tenían un gran talento para los negocios, su éxito se debió en parte a prácticas comerciales injustas, como los bajos salarios de sus empleados. Algunas, además, recibían un

Esta caricatura de 1901 muestra a John D. Rockefeller como el "Rey de las Combinaciones". La columna reza "Standard Oil", por su compañía, y en su corona vemos los ferrocarriles con los que pactaba en secreto.

trato de favor por parte del gobierno. Por ejemplo, el gobierno regaló a varias compañías ferroviarias grandes extensiones de terreno en ambos lados de la vía que construían.

Algunas corporaciones prosperaron con la creación de monopolios. El monopolio consiste en el control absoluto de un bien, recurso, servicio o industria, lo que obliga a los competidores a retirarse del negocio. Por ejemplo, la Standard Oil de Rockefeller hacía tratos internos con ferrocarriles y refinerías de petróleo para conseguir ese control único. Además, vendía el petróleo a precios tan bajos que sus competidores eran incapaces de igualarlos, y una vez que se había deshecho de la competencia volvía a subir los precios.

PROYECTO
LA DESIGUALDAD ACTUAL

En los pasados treinta años, la desigualdad de ingresos –la brecha entre lo que ganan los ricos y lo que ganan los demás– no ha dejado de crecer. ¿Qué diferencias y similitudes hay entre el pasado y nuestros días?

- Investiga la desigualdad económica actual y entre 1865 y 1914. Analiza estadísticas e historias de los afectados.
- ¿Qué herramientas utilizaron los estadounidenses para combatir el poder de las corporaciones a finales del siglo XIX y principios del XX? Investiga las reformas de la *Progressive Era*, las reformas legislativas (como el

Sherman Antitrust Act) y procesos judiciales importantes (como el de *Northern Securities Co.* contra Estados Unidos).

- Lee algunos artículos recientes sobre la desigualdad de ingresos actual en Estados Unidos.

  - No todos opinan que tal desigualdad es un problema. Busca al menos dos artículos en los que se manifieste esa opinión.

  - Los que sí piensan que hay desigualdad hacen sugerencias para corregirla. Lee al menos cuatro artículos sobre el tema.

- Redacta un plan de diez puntos para abordar la desigualdad de ingresos. Si crees que no es un problema, escribe un alegato de diez puntos para defenderlo. Haz copias y pásalas a tus compañeros de clase. Luego dirige un debate sobre el tema.

CAPÍTULO CINCO

VIDA Y DERECHOS DE LOS TRABAJADORES

La industrialización proporcionó trabajo a millones de personas. Hombres, mujeres y niños se empleaban en fábricas, molinos y minas para mantener a sus familias. Al fin y al cabo, las familias llevaban mucho tiempo trabajando juntas en granjas o negocios familiares. Los niños tenían el tamaño adecuado para moverse en espacios reducidos y cobraban menos que los adultos. Era corriente que con tan solo ocho años trabajaran largas horas en condiciones peligrosas. Las familias de clase alta y media empezaron a poner más énfasis en la educación de sus hijos, pero quienes vivían en el umbral de la pobreza o más allá de él no podían permitirse el lujo de enviarlos a la escuela.

Por desgracia, muchos trabajadores soportaban condiciones vitales y laborales precarias. Los salarios eran bajos, y los empresarios se aseguraban de mantenerlos así. Sabían que había muchos desempleados y que si alguien dejaba de trabajar era fácil reemplazarlo.

Esta foto de 1909 muestra a dos niños trabajando en un molino textil de Macon, Georgia. Algunos eran tan pequeños que tenían que subirse a las máquinas para manejarlas.

PREGUNTA: ¿CUÁLES FUERON LAS DESVENTAJAS DE LA INDUSTRIALIZACIÓN PARA LOS TRABAJADORES?

A los obreros se les exigía que trabajaran muchas horas con pocas pausas. El horario solía ser de diez o más horas diarias, seis días a la semana. No había jubilaciones ni cobertura médica. Las condiciones de muchos eran peligrosas e insalubres. El incendio de la fábrica textil Triangle Shirtwaist Co. es un ejemplo trágico.

El 25 de marzo de 1911, estalló un incendio que acabó con 146 trabajadores. Varios factores contribuyeron al elevado número de víctimas, como los espacios de trabajo abarrotados y llenos de productos inflamables, una escalera de incendios vieja y oxidada que se derrumbó, y una puerta de escalera cerrada con llave para evitar que los trabajadores salieran a tomar un descanso.

Los trabajadores vivían en habitaciones sucias y atestadas debido a sus bajos salarios. En las ciudades, los inmigrantes estaban tan amontonados que una familia entera solía compartir una habitación. Los brotes de enfermedades, incluidos el cólera y la fiebre tifoidea, eran comunes, en gran parte a que se ignoraba cómo deshacerse adecuadamente de los residuos humanos.

Algunas compañías—sobre todo las que no tenían su sede en grandes ciudades, como las mineras, madereras y ferroviarias—crearon poblaciones para alojar a sus empleados. Aunque algunas pretendían proporcionarles un alojamiento digno, otras encontraron nuevas formas de explotarlos. Los trabajadores pagaban el alquiler a la empresa y tenían que depender de una tienda, propiedad de la empresa, para comprar alimentos y otros bienes. Incluso les pagaban con vales (o pagarés) que solo podían utilizar en la tienda de la compañía. El vecindario Pullman de Chicago fue en sus orígenes una población creada por la Pullman Palace Car Company. Después de que una recesión económica provocara una caída en la demanda de los vagones de tren producidos por la empresa, esta redujo los salarios pero se negó a bajar el alquiler de los trabajadores, que se declararon en huelga en mayo de 1894. La huelga fue aplastada cuando el presidente Grover Cleveland envió tropas.

PROYECTO
¡EXTRA, EXTRA, LÉELO TODO!

El público descubrió las condiciones que soportaban los trabajadores gracias en gran medida al trabajo de los *muckrakers*, un grupo de periodistas dedicados a denunciar la corrupción. ¡Prueba suerte imitándolos!

- El comienzo puede ser la lectura de algunos ejemplos de periodismo de investigación. Busca autores como Jacob Riis, Upton Sinclair e Ida B. Tarbell.
- Después de investigar un poco el período, escribe tu propio artículo sobre una empresa, industria o evento de aquella época.
- A continuación, lee al menos tres artículos actuales de periodismo de investigación.
- Escoge un tema actual y escribe un artículo sobre él. Lee en clase ambos artículos para tus compañeros.

PREGUNTA: ¿CÓMO AYUDAN LOS SINDICATOS A LOS OBREROS A LUCHAR POR SUS DERECHOS?

La explotación por parte de los industriales llevó a los trabajadores a formar sindicatos. Al unirse, podían presionar a sus empleadores para que les subieran el sueldo o mejoraran sus condiciones laborales. Una de sus principales reivindicaciones durante aquel período fue la jornada laboral de ocho horas.

Las huelgas eran una de las herramientas más poderosas que tenían los trabajadores para que los empleadores negociaran con sus sindicatos. A finales del siglo XIX se produjeron varias huelgas importantes, algunas de las cuales fueron reprimidas violentamente. Al final, sin embargo, los trabajadores consiguieron gran parte de sus reivindicaciones.

PARAR LOS TRENES

La Gran Huelga Ferroviaria de 1877 comenzó cuando los trabajadores de Martinsburg, West Virginia, dejaron de trabajar para los Ferrocarriles de Baltimore y Ohio, que habían vuelto a recortar los salarios. La huelga pronto se extendió a otros estados, y las autoridades utilizaron milicias y detectives privados de la Agencia Nacional de Detectives Pinkerton para reducirla. Muchos de estos enfrentamientos se tornaron violentos, sobre todo en Pittsburgh, Pensilvania, donde hubo decenas de fallecidos. Las huelgas solo duraron unas semanas, pero mostraron a los trabajadores tanto su potencial como la necesidad de organizarse mejor.

El primer sindicato nacional, los Knights of Labor (Caballeros del Trabajo), creció rápidamente y se derrumbó igual de rápido. La American Federation of Labor (AFL) pronto ocupó su lugar como la principal organización sindical que luchaba por los derechos de los trabajadores. Samuel Gompers, antiguo jefe de la Unión de Fabricantes de Cigarros, fundó la AFL en 1886. Mientras que los Caballeros del Trabajo esperaban rehacer la estructura económica de Estados Unidos,

En esta foto de 1910 vemos a una activista pronunciando un discurso en apoyo de la Women's Trade Union League, en NY. La liga luchaba para conseguir el voto femenino, así como mejoras salariales y laborales.

la AFL estaba comprometida con el capitalismo y se centraba en mejoras laborales concretas. Además, representaba a un porcentaje más pequeño de los trabajadores del país, ya que en varios momentos de su historia excluyó a los no calificados, las mujeres y los afroamericanos.

PROYECTO
DEBATIR SOBRE LOS SINDICATOS

Los sindicatos ayudaron a establecer la semana laboral de 40 horas, las vacaciones pagadas y otras políticas que hoy se dan por sentado.

Aunque los sindicatos fueron poderosos en los siglos XIX y XX, su influencia ha disminuido mucho en los últimos años. Aprende más de su papel actual.

Antes de entrevistar al sindicalista que hayas elegido, escribe una lista de las preguntas que deseas formularle.

- Investiga los sindicatos estadounidenses de hoy.
  - ¿Cuáles son más visibles? ¿En qué industrias destacan?
  - ¿Qué hacen hoy para proteger los derechos de los trabajadores?
  - ¿Por qué ha disminuido su poder?
  - Entrevista a un sindicalista y pregúntale qué opina sobre el papel actual de los sindicatos.
  - ¿Por qué hay gente que se opone a ellos? Considera las objeciones a sus formas de actuar (como los empleos en que se exige afiliarse a un sindicato) y su poder político.
- Junto con al menos cinco compañeros, organiza un debate sobre los sindicatos. Divídanse en dos grupos, uno que los defienda y otro que los critique. Preparen sus argumentos por adelantado y empiecen el debate ante el resto de la clase.

GLOSARIO

bloqueo: acción de impedir que los barcos salgan de un lugar o lleguen a él.

canal: vía artificial de agua.

capitalismo: sistema económico en el que los medios de producción son de propiedad privada y las empresas compiten entre sí.

cardar: limpiar, desenredar y separar las fibras.

corporación: empresa grande que dispone de las facultades jurídicas de una persona, como firmar contratos y contratar empleados.

cosechadora: máquina que siega y trilla cosechas.

cultivos comerciales: cosechas que los agricultores venden, en lugar de utilizarlas para consumo propio.

diplomacia: intento por conseguir que otra persona, grupo o nación haga lo que uno desea sin que intervenga la fuerza.

embargo: prohibición de comprar o vender bienes a otro país.

explotar: utilizar o aprovecharse de algo o de alguien.

exportar: vender bienes a otro país.

huelga: interrupción del trabajo por parte de los empleados para obtener mejoras laborales.

importar: introducir en un país productos de otro.

ingresos: cantidad de dinero que aporta algo.

inmigrar: trasladarse a otro país para vivir allí.

innovación: cambio que introduce nuevas ideas o formas de hacer las cosas.

patentar: obtener legalmente el derecho a ser el único que fabrique un invento.

rentabilizar: obtener beneficios, o más dinero del que se gastó.

sabotaje: esfuerzos para destruir o dañar algo.

sindicato: organización obrera que defiende los intereses de los trabajadores.

trilladora: máquina que separa el grano de las cosechas.

viable: que puede llevarse a cabo.

American Federation of Labor
and Congress of Industrial
Organizations (AFL-CIO)
815 16th Street NW
Washington, DC 20006
Sitio web: https://aflcio.org
Facebook: aflcio
Twitter: @AFLCIO
La Federación Americana del
Trabajo es un sindicato que
lucha por la clase obrera, y
por la justicia civil y social
en el lugar de trabajo.

Industrial Workers of the World
(IWW)
2036 West Montrose
Chicago, IL 60618
(733) 728-0996
Sitio web: https://www.iww.org
Facebook: @iww.org
Twitter: @_IWW
YouTube:
@TheIndustrialWorkers
La Industrial Workers of the
World es una organización
para todos, sin importar la
habilidad, el gremio, el sexo
o la comunidad. Se trata
de una unión democrática,
regida por sus miembros,

especializada como una sola
unidad en vez de muchas.
Creen en el sindicalismo
solidario, lo que significa
que se organizan industrial-
mente en vez de comercial-
mente.

National Association for the
Advancement of Colored
People (NAACP)
4805 Mt. Hope Drive
Baltimore, MD 21215
(877) NAACP-98
Sitio web: www.naacp.org
Facebook and Instagram:
@naacp
Twitter and Youtube: @NAACP
La NAACP se fundó en Nueva
York en 1909 para garan-
tizar la igualdad política,
educativa y social para
todos, sin las barreras de la
discriminación racial.

National Association of Manu-
facturers (NAM)
733 10th Street NW #700
Washington, DC 20001
(202) 637-3000
Sitio web: www.nam.org

Facebook: @NAMpage
Twitter: @ShopFloorNAM
Instagram: @shopfloornam
La Asociación Nacional de Manufactureros representa a pequeños y grandes fabricantes del sector industrial de Estados Unidos. Se considera una de las mayores asociaciones de fabricantes y contribuye con billones de dólares a la economía estadounidense.

National Museum of American History
1300 Constitution Avenue NW
Washington, DC 20560
(202) 633-1000
Sitio web: http://americanhistory.si.edu
Facebook: @americanhistory
Instagram and Twitter: @amhistorymuseum
La misión del National Museum of American History, una rama del Smithsonian, es ayudar a la gente a entender el presente y el futuro investigando el pasado.

National Museum of Industrial History
602 E 2nd Street
Bethlehem, PA 18015
(610) 694-6644
Sitio web: http://nmih.org
Facebook, Instagram, and Twitter: @NMIHorg
La misión del Museo Nacional de Historia Industrial es contar la historia y los logros industriales de Estados Unidos.

Old Slater Mill
67 Roosevelt Avenue
Pawtucket, RI 02860
(401) 725-8638
Sitio web: http://www.slatermill.org
Facebook: @slater.mill
Twitter: @OldSlaterMill
El antiguo molino de Slater es un hito histórico de interés nacional, ya que se considera la cuna de la Revolución Industrial en Estados Unidos.

Beckert, Sven. *Empire of Cotton: A Global History*. New York, NY: Knopf, 2014.

Bernard, James. *Leaders of New York's Industrial Growth* (Spotlight on New York). New York, NY: Powerkids Press, 2015.

Cook, Sylvia Jenkins. *Working Women, Literary Ladies: The Industrial Revolution and Female Aspiration*. New York, NY: Oxford University Press, 2008.

Griffin, Emma. *Liberty's Dawn: A People's History of the Industrial Revolution*. New Haven, CT: Yale University Press, 2013.

Gurstelle, William. *Remaking History: Industrial Revolutionaries*. Sebastopol, CA: Maker Media, Inc., 2016.

Hubbard, Ben. *Stories of Women During the Industrial Revolution: Changing Roles, Changing Lives*. Chicago, IL: Heinemann Raintree, 2015.

Krauss, Jane, and Suzie K. Boss. *Thinking Through PROYECTO-Based Learning: Guiding Deeper Inquiry*. Thousand Oaks, CA: Corwin, 2013.

Morris, Charles R. *The Dawn of Innovation: The First American Industrial Revolution*. New York, NY: PublicAffairs, 2014.

Sahgal, Lara, and Janey Levy. *A Primary Source Investigation of the Erie Canal* (Uncovering American History). New York, NY: Rosen Publishing, 2016.

Shea, Therese. *Inside the Labor Movement* (Eyewitness to History: Major Cultural Movements). New York, NY: Gareth Stevens Publishing, 2018.

Stearns, Peter N. *The Industrial Revolution in World History*. 4th Ed. Boulder, CO: Westview Press, 2012.

Vallencourt, Margaret. *Technology of the Industrial Revolution*. New York, NY: Britannica Educational Publishing, 2016.

Wolfe, James. *The Industrial Revolution* (The Age of Revolution). New York, NY: Rosen Publishing, 2016.

BIBLIOGRAFÍA

Arrington, Benjamin T. "Industry and Economy during the Civil War." National Park Service. Retrieved January 9, 2018. https://www.nps.gov/resources/story.htm%3Fid%3D251.

Constitutional Rights Foundation. "Rockefeller and the Standard Oil Monopoly." Bill of Rights in Action, Spring 2000. http://www.crf-usa.org/bill-of-rights-in-action/bria-16-2-b -rockefeller-and-the-standard-oil-monopoly.html.

Kheel Center, Cornell University. "Remembering the 1911 Triangle Factory Fire." Retrieved January 19, 2018. https://trianglefire.ilr.cornell.edu/index.html.

Library of Congress. "Invention of the Telegraph" Retrieved January 19, 2018. https://www.loc.gov/collections/samuel -morse-papers/articles-and-essays/invention-of-the-telegraph.

Monticello.org. "Embargo of 1807." Retrieved January 18, 2018. https://www.monticello.org/site/research-and-collections /embargo-1807.

Ourdocuments.gov. "Pacific Railway Act (1862)." Retrieved January 19, 2018. https://www.ourdocuments.gov/doc.php?flash =false&doc=32.

Rosenberg, Chaim M. *The Life and Times of Francis Cabot Lowell, 1775–1817*. Lanham, MD: Lexington Books, 2010.

They Made America. "Who Made America?: Innovators." PBS.com. Retrieved January 19, 2018. http://www.pbs.org/wgbh /theymadeamerica/whomade/innovators_hi.html.

UShistory.org. "Irish and German Immigration." Retrieved January 19, 2018. http://www.ushistory.org/us/25f.asp.

Virginia Commonwealth University Social Welfare History Project. "Company Towns: 1880s to 1935." Retrieved January 19, 2018. https://socialwelfare.library.vcu.edu/programs/housing/company-towns-1890s-to-1935.

ÍNDICE